학교생활, 안전, 성폭력에 대처하는
초등 저학년 말하기

이럴 땐 이렇게 말해요

글 성지영 그림 혜경

책읽는달

책을 펴내며

언제 어디서나
자신 있게 말해요!

안녕하세요, 어린이 친구들.

지금 이 책을 펼친 친구들 대부분은 어떻게 하면 말을 잘할 수 있을까 궁금해하고 있을 거예요.

말하기는 자신의 느낌이나 생각 등을 말로 표현하는 일이에요. 누구나 쉽게 할 수 있지만 제대로 하기는 어렵답니다.

어린이 여러분은 자신의 감정이나 느낌은 비교적 잘 말할 줄 알아요. 하지만 의견이나 생각을 전달하는 데는 어려움을 느껴요. 예를 들어 음식을 보고 "맛있겠다."라고 말할 줄은 알지만, 음식을 먹을 때 "잘 먹겠습니다."라고 말하는 것에 대해서는 잘 몰라요. 이것은 말하는 경험이 아직 부족해서랍니다.

말하기를 잘하지 못하면 의견이 엉뚱하게 전달되어 오해를 살 수 있어요. 또 위험한 상황에 빠졌을 때 적절히 도움을 구하지 못할 수도 있어요. 그러므로 평소 중요한 상황에 어울리는 말하기를 할 줄 알아야 해요.

　이 책에는 여러 가지 말하는 법이 담겨 있어요. 우선 1장에는 등굣길, 수업 시간, 쉬는 시간 등 학교생활을 할 때 필요한 말하는 법이 있어요. 그래서 선생님의 질문에 답하지 못할 때 당황하지 않고 말할 수 있어요. 수업 시간 중 갑자기 화장실에 가고 싶을 때 어떻게 말해야 하는지도 알 수 있어요.

　2장에는 친구들이 평소 생활을 할 때 알아두어야 할 말하기 법으로 이루어져 있어요. 친구와 다투었을 때 어떻게 사과해야 하는지 알 수 있어요. 또, 낯선 어른이 자꾸 말을 걸 때 어떤 말과 행동을 해야 하는지 살펴볼 수 있지요.

　말하는 것에 특히 어려움을 느끼는 친구들이라면 이 책의 말하기 표현을 잘 익혀 두도록 하세요. 상황을 머릿속에 그리며 책에 있는 표현을 큰 소리로 읽어 보면 도움이 될 거예요. 따라서 책을 한 번만 읽는 것이 아니라, 교과서처럼 자주 읽어 보면 좋겠어요.

　이 책을 읽은 친구들이라면 누가 물을 때 꿀 먹은 벙어리가 되는 일은 없을 것이에요. 평소 제일 많이 하는 대답은 더 이상 "몰라요."가 아닐 거예요.

　언제 어디서나 자신감 있게 말할 줄 아는 어린이가 되세요.

차례

책을 펴내며　2

1장 학교 생활

등굣길
다른 옷을 입고 싶었어요　8
길에서 선생님을 만났어요　10
늦잠을 자서 지각했어요　12

수업 시간
친구와 떠들다가 꾸중을 들었어요　14
준비물을 집에 두고 왔어요　16
갑자기 화장실에 가고 싶었어요　18
선생님의 질문에 답하지 못했어요　20
수업 중에 궁금한 것이 생겼어요　22
시험을 봤어요　24
용기를 내서 발표했어요　26

쉬는 시간과 점심시간
교무실에 심부름 갔어요　28
몸에서 열이 펄펄 났어요　30
실수로 꽃병을 깨뜨렸어요　32
싫어하는 반찬이 나왔어요　34

하굣길
지갑을 잃어버렸어요　36
학교 수업이 늦게 끝났어요　38
학원 버스가 늦었어요　40

2장 일상생활

친구 관계

친구랑 싸웠어요　44
친구를 용서했어요　46
친구와 약속했어요　48
친구들과 차례를 지켰어요　50

신체 안전

집에 불이 났어요　60
오빠와 언니가 돈을 빼앗아 갔어요　62
자전거를 타다가 넘어졌어요　64

유괴, 성폭력

낯선 사람이 말을 걸었어요　52
혼자 있는 집에 택배가 왔어요　54
내 몸을 더듬었어요　56
옆집 아저씨가 놀러 오랬어요　58

교통안전

빨간불에 건널목을 건넜어요　66
도로로 공이 굴러갔어요　68
버스에서 떠들었어요　70

등굣길

다른 옷을 입고 싶었어요

엄마가 학교에 입고 갈 옷을 침대에 놓아두었어요. 하지만 옷을 살펴본 나는 실망했어요. 분홍색 원피스를 입고 싶었는데, 엄마가 준비한 것은 노란색 줄무늬 바지였어요.

"다른 옷을 입고 싶어요."

내가 엄마에게 말했어요.

"이 옷도 예쁜데, 왜 싫다고 그러니?"

엄마가 말씀하셨어요.

"엄마, 저는 분홍색 원피스를 입고 싶어요. 오늘 친구의 생일 파티가 있거든요."

나의 말을 들은 엄마가 분홍색 원피스를 꺼내 오셨어요.

"엄마가 네 마음을 몰랐구나. 오늘은 분홍색 원피스를 입고 내일은 노란색 줄무늬 바지를 입도록 하자."

내 모습을 본 엄마가 말씀하셨어요.

"네, 엄마."

기분이 좋아진 내가 엄마에게 대답했어요.

이렇게도 말해요

- 엄마가 골라 주신 옷은 다음에 입을게요.
- 이 옷 말고 다른 옷을 입고 싶어요.
- 오늘은 내가 좋아하는 옷을 입고 싶어요.
- 이 옷이 입기 싫은 이유는 ○○○ 때문이에요.

등굣길

길에서 선생님을 만났어요

학교를 향해 길을 걷고 있었어요. 저만치 걸어가시는 선생님의 뒷모습이 보였어요.

"선생님, 안녕하세요!"

나는 재빨리 뛰어가 선생님께 인사를 드렸어요.

"지윤아 안녕. 지윤이도 이 동네에 살고 있니?"

선생님께서도 나에게 인사를 하셨어요.

"네, 저기가 저희 집이에요."

내가 대답했어요.

선생님과 나는 나란히 걸으며 학교에 도착했어요.

"선생님은 교무실로 갈 테니, 지윤이는 교실로 들어가거라."

"네, 안녕히 들어가세요."

이웃*이라는 사실을 알게 되어서인지 오늘따라 선생님이 더 가깝게 느껴졌어요.

* 이웃 : 한마을에 사는 사람들을 친근하게 부르는 말이에요.

이렇게도 말해요

이런 상황이에요	어떻게 인사할까요?
학교에 갈 때 부모님께	학교에 다녀오겠습니다.
학교에 도착해 선생님께	선생님, 안녕하세요!
친구들과 교실에서 만났을 때	○○아, 안녕.
급식실에서 배식을 받을 때	맛있게 먹겠습니다.
학교를 마치고 집에 갈 때 선생님께	내일 뵙겠습니다. / 안녕히 계세요.
친구들과 헤어져 집으로 갈 때	안녕, 잘 가. / 내일 만나자.

등굣길

늦잠을 자서 지각했어요

어이쿠! 큰일 났어요. 아침에 늦게 일어나고 말았어요.
서둘러 세수를 하고 학교에 갔는데, 이미 수업이 시작됐어요.
"지윤아, 왜 안 들어오고 있니?"
교실 밖에서 서성이는 내 모습을 본 선생님께서 문을 열고 나와 말씀하셨어요.
"늦어서 죄송해요, 선생님."
내가 선생님께 대답했어요.
"지윤이는 왜 오늘 늦었지?"
선생님께서 다시 질문하셨어요.
"늦잠을 잤어요. 앞으로는 지각하지 않을게요."
내가 선생님께 말했어요.
"다음부터는 조금 더 일찍 일어나도록 해. 이제 그만 교실로 들어가자."
나는 그제야 '휴' 하고 안심을 하고 자리에 가서 앉았어요.

수업 시간

친구와 떠들다가 꾸중을 들었어요

수업 시간이었어요. 책을 읽던 나는 문득 어젯밤에 꿨던 재미있는 꿈이 생각났어요. 나는 친구에게 꿈 이야기를 들려주었어요. 내가 친구에게 신 나게 이야기를 하고 있을 때였어요.

"너희, 수업 시간에 왜 떠들고 있니?"

선생님께서 화가 난 얼굴로 말씀하셨어요.

"어젯밤에 꾼 재미있는 꿈 이야기를 하고 있었어요. 잘못했습니다."

내가 솔직히 선생님께 말했어요.

선생님께서는 내 말에 고개를 끄덕이셨어요. 그리고는 조금 전보다 부드러운 얼굴로 다시 물으셨어요.

"다음 수업 시간에 재미있는 이야기가 또 생각나면 어떻게 할 거니?"

"그때는 꾹 참고 있다가 쉬는 시간에 말할 거예요. 앞으로 조심하겠습니다."

내가 대답을 마치자 선생님의 얼굴이 밝아졌어요.

수업 시간

준비물을 집에 두고 왔어요

나는 미술 시간을 손꼽아 기다리고 있었어요. 이번 미술 시간은 내가 좋아하는 사람을 그리기로 했거든요. 그런데 가방을 아무리 뒤져도 스케치북이 보이지 않았어요. 시무룩하게 친구들이 그림 그리는 모습을 지켜보는 나에게 선생님께서 물으셨어요.

"지윤아, 너는 왜 그림을 그리지 않니?"

"스케치북을 집에 두고 온 것 같아요."

내가 선생님께 말했어요.

"이번에는 선생님이 스케치북을 빌려줄 테니 여기에 그림을 그리렴."

"고맙습니다. 다음부터는 준비물을 잘 챙겨 올게요."

내 말에 선생님께서는 살짝 미소를 지으셨어요. 나는 그날 선생님의 웃는 얼굴을 그림으로 그렸어요.

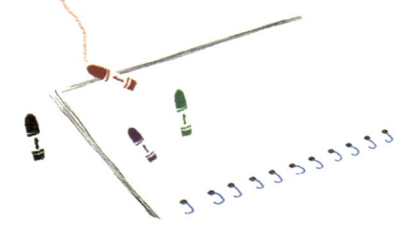

수업 시간

갑자기 화장실에 가고 싶었어요

딩동댕.

수업 시간을 알리는 종이 울렸어요. 나는 친구와 노느라 화장실에 다녀오지 못했어요. 처음에는 소변을 참을 만했어요. 하지만 점점 화장실이 급해졌어요.

"선생님, 화장실 다녀와도 될까요?"

내가 손을 들고 말했어요.

"왜 지금 화장실에 가려고 하니? 화장실은 쉬는 시간에 가야지?"

나의 말을 들은 선생님께서 말씀하셨어요.

"죄송해요. 쉬는 시간에 화장실에 못 갔어요."

내가 반성하는 모습을 보이자 선생님께서는 고개를 끄덕이셨어요.

나는 무사히 화장실에 다녀왔습니다.

"앞으로는 쉬는 시간에 화장실에 다녀올게요."

수업이 끝난 후 내가 선생님께 말했어요.

수업 시간

선생님의 질문에 답하지 못했어요

오늘 수학 시간에 덧셈에 대해 배웠어요. 선생님께서는 우리에게 열심히 설명해 주셨어요.

"지윤이가 답을 말해 볼래?"

칠판에 덧셈 문제를 적은 선생님께서 나에게 질문하셨어요.

"저는 답을 모르겠어요."

내가 조그맣게 선생님께 말했어요. 잠시 후, 나는 용기를 내어 선생님께 말했어요.

"선생님, 다시 한 번 설명해 주시면 감사하겠습니다."

나의 말을 들은 선생님께서는 덧셈에 대해 더욱 자세히 알려 주셨어요.

선생님은 같은 반 친구들에게 말씀하셨어요.

"여러분도 수업 시간에 잘 모를 때는 지윤이처럼 솔직히 말하고 다시 배우도록 해요."

> **이렇게도 말해요** ⭐

- 죄송해요. 정답을 모르겠어요.
- 선생님, 한 번 더 설명해 주세요.
- (큰 소리로 자신 있게) 제가 생각하는 정답은 ○○이에요.

수업 시간

수업 중에 궁금한 것이 생겼어요

내가 제일 좋아하는 과목은 국어예요. 이번 국어 수업은 흉내 내는 말에 대해 알아보는 시간이었어요. 그런데 나는 흉내 내는 말이 무엇인지 알 수가 없었어요. 왜냐하면 몸이 아파서 지난 수업에 빠졌기 때문이에요.

"선생님, 질문이 있어요."

나는 손을 들고 선생님께 질문했어요.

"흉내 내는 말이 무엇인지 다시 알려 주세요."

"지윤이가 지난번 수업을 듣지 못해서 모르는구나. 흉내 내는 말은 소리나 모습을 나타내는 말이란다. '멍멍', '야옹'과 같이 소리를 흉내 낸 말이 있고, '엉금엉금', '데굴데굴'처럼 움직임을 흉내 내는 말도 있단다."

선생님께서 나의 질문에 답하셨어요.

"이제 알겠습니다."

내가 선생님께 말했어요.

모르는 것을 알게 되자 수업이 재밌어졌어요. 나는 다음에도 모르는 것이 있으면 오늘처럼 질문을 해야겠다고 생각했어요.

수업 시간

시험을 봤어요

"시험 시간에는 친구와 말을 하지 말고 시험지에 있는 문제를 풀도록 하세요."

선생님께서 우리에게 시험지를 나눠 주며 말씀하셨어요.

시험 시간이 끝나고, 시험지를 거둬 가신 선생님께서 채점*을 한 시험지를 돌려주셨어요. 내 시험지에는 10문제 중에 2개가 틀렸다고 표시가 되어 있었어요. 너무 속상해서 눈물이 날 것 같았어요.

"지윤아, 왜 이렇게 울상을 하고 있니?"

선생님께서 나에게 다가와 말씀하셨어요.

"시험을 못 봐서 속상해요."

선생님께 나의 기분을 말했어요.

"이번에 틀린 문제는 집에 가서 다시 공부해 보렴. 앞으로 열심히 공부하면 다음 시험에는 더 좋은 점수를 받을 수 있을 거야."

선생님 말씀을 들으니 기분이 조금 나아졌어요.

* 채점 : 맞고 틀림을 표시하는 일이에요.

수업 시간

용기를 내서 발표했어요

방학을 마치고 학교에 돌아왔어요. 선생님께서는 우리에게 방학 동안에 있었던 재미난 일을 친구들 앞에서 말해 보라고 하셨어요.

나는 발표를 하는 게 부끄러워서 가만히 있었어요. 하지만 방학 동안에 있었던 일을 선생님과 친구들에게 들려주고 싶었어요. 나는 용기를 내보기로 했어요.

"제가 발표하겠습니다."

내가 손을 번쩍 들고 말했어요.

"그래, 지윤이가 발표를 해 보렴."

선생님께서 나를 향해 말씀하셨어요.

"저는 여름방학에 재미난 일이 아주 많았어요. 하지만 그 중 가장 신 나는 일은 가족들과 함께 강원도 바다로 여행간 일이었어요."

내가 씩씩한 목소리로 이야기를 했어요.

"지윤이는 정말 즐거운 방학을 보냈구나. 우리 모두 씩씩하게 발표한 지윤이에게 손뼉을 쳐주자."

선생님께서 말씀하셨어요. 친구들도 박수를 쳐 주었어요.

쉬는 시간과 점심시간

교무실에 심부름 갔어요

"지윤아, 교무실에 가서 3반 선생님께 물건 좀 전해 드리고 올래?"

선생님께서 나를 부르시며 말씀하셨어요.

"네, 알겠습니다."

나는 선생님께 대답을 한 후 교무실로 갔어요.

"안녕하세요, 1학년 2반 심지윤이라고 해요."

교무실에 들어가서 선생님들께 인사를 했어요. 선생님들께서는 미소로 반겨 주셨어요.

"지윤이는 무슨 일로 교무실에 왔니?"

선생님 중 한 분이 내게 물으셨어요.

"선생님 심부름으로 왔어요. 3반 선생님을 찾고 있어요."

내가 선생님께 말했어요. 그 선생님께서는 3반 선생님의 자리를 알려 주셨죠.

"이제 교실로 돌아가겠습니다."

무사히 심부름을 마친 나는 교무실을 나오면서 다시 인사를 했어요. 이번에도 선생님들께서는 미소를 지으셨어요.

교무실에 갔을 때 이렇게 하면 돼요

1. 교무실 문을 똑똑 두드리세요.
2. 교무실에 들어가서 인사를 하고 자신의 학년과 반, 이름을 말하세요.
   → "안녕하세요, 저는 O학년 O반 OOO입니다."
3. 무슨 일로 교무실에 왔는지 선생님께 말씀드리세요.
   → "선생님, 저는 OO일로 교무실에 왔어요."
4. 교무실에 온 용건을 해결하세요.
5. 교무실을 나오면서 다시 인사를 하세요.
   → "안녕히 계세요. 저는 교실로 돌아가겠습니다."

쉬는 시간과 점심시간

몸에서 열이 펄펄 났어요

아침부터 기침이 나더니 이제는 열까지 나요. 난로처럼 온몸이 뜨거워요.

그러자 짝꿍이 나를 보건실에 데려다 주었어요.

"어디가 아파서 왔니?"

나를 본 보건 선생님*께서 말씀하셨어요.

"몸에서 열이 펄펄 나요."

내가 보건 선생님께 말했어요. 보건 선생님께서는 청진기를 갖다 대어 보셨어요. 그런 후 약을 주시며 보건실에서 잠깐 쉬라고 하셨어요. 나는 약을 먹고 푹 잤습니다. 몇 시간 뒤, 잠에서 깨어난 나는 더 이상 난로처럼 몸이 뜨겁지 않다는 사실을 알았어요.

"보건 선생님, 몸이 좋아진 것 같아요."

내가 말했어요. 다시 열을 재어 보신 보건 선생님께서는 교실로 돌아가도 괜찮다고 말씀해 주셨어요.

* 보건 선생님 : 학교에서 아픈 친구들을 돌봐 주시는 분이에요.

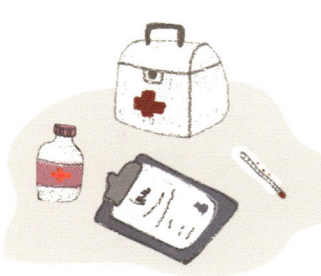

쉬는 시간과 점심시간

실수로 꽃병을 깨뜨렸어요

쉬는 시간에 나는 친구들과 교실에서 장난을 치고 있었어요. 그러던 중, 수업 시작을 알리는 종이 울렸어요. 허둥지둥 자리로 돌아가다가 그만 선생님 책상 위에 있던 꽃병을 건드려 깨뜨렸어요. 나는 깜짝 놀랐어요.

"누가 꽃병을 깨뜨렸니?"

교실에 들어오신 선생님께서 물으셨어요. 나는 어찌할 바를 모르다가 용기 있게 손을 들었어요.

"선생님, 제가 실수로 꽃병을 깨뜨렸어요."

놀란 내가 울먹이며 선생님께 말했어요.

"그래? 그런데 지윤아, 다치지는 않았니?"

"네. 괜찮아요. 꽃병을 깨뜨려서 죄송해요."

"다치지 않아서 다행이구나. 앞으로는 쉬는 시간에 교실에서 너무 뛰어다녀서는 안 돼."

"다음부터는 조심할게요."

내가 선생님께 다짐했어요.

이렇게도 말해요

- 실수로 꽃병을 떨어뜨렸어요. 죄송해요.
- 앞으로는 교실에서 뛰어다니지 않겠습니다.
- 선생님, 꽃병을 깨뜨려서 죄송합니다.

쉬는 시간과 점심시간

싫어하는 반찬이 나왔어요

꼬르륵, 배꼽시계가 울리는 것을 보니 점심시간이네요. 나는 밥을 먹으러 급식실에 갔어요.

"맛있게 잘 먹겠습니다."

내가 음식을 떠 주시는 배식 아주머니에게 인사를 했어요. 그런데 급식판에는 내가 싫어하는 반찬만 가득 했어요.

"지윤이는 왜 밥을 먹지 않니?"

뾰로통하게 앉아 있는 나에게 선생님께서 물으셨어요.

"제가 좋아하는 반찬이 없어요."

나는 투덜거리며 선생님께 대답했어요.

"지윤아, 음식을 골고루 먹어야 건강해진단다. 또 밥을 먹지 못하고 굶고 있는 어린이도 많은데 맛이 없다고 투정부리면 되겠니?"

선생님께서 나를 타이르셨어요.

"앞으로는 반찬을 골라 먹지 않을게요."

내가 선생님께 대답했어요. 그리고 나는 오늘 처음으로 밥 한 톨 남기지 않고 급식을 먹었어요.

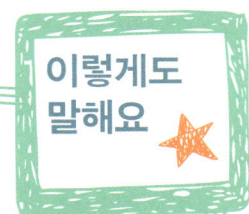

이렇게도 말해요

이런 상황이에요	어떻게 말할까요?
급식을 받을 때	맛있게 잘 먹겠습니다.
밥이 많을 때	저는 밥을 조금만 주세요.
반찬이 적을 때	○○ 반찬을 더 주실 수 있을까요?
급식을 마치고 교실로 돌아갈 때	잘 먹었습니다. / 감사합니다.
알레르기가 있을 때	저는 ○○○ 음식에 알레르기가 있어서 먹지 못해요.

하굣길

지갑을 잃어버렸어요

수업을 마친 나는 가방을 정리했어요. 그런데 아무리 찾아도 지갑이 보이지 않았어요.

"선생님, 지갑을 잃어버렸어요."

지갑을 찾지 못한 내가 선생님께 말했어요.

"지갑이 없어졌다고? 가방 안을 잘 살펴보았니?"

선생님께서 내게 말씀하셨어요.

"가방과 책상을 여러 번 보아도 지갑은 없었어요."

내가 선생님께 대답했어요. 내 말을 들은 선생님께서는 자리에 가서 함께 지갑을 찾아 주셨어요.

"지윤아, 여기 지갑 찾았다!"

그러던 중, 가방 앞주머니에서 지갑을 발견하신 선생님께서 말씀하셨어요.

"지갑을 찾아 주셔서 감사해요."

지갑을 찾아서 선생님도 기뻐하셨어요. 역시 우리 선생님은 최고인 것 같아요.

하굣길

학교 수업이 늦게 끝났어요

오늘은 학교에서 대청소하는 날이라 평소보다 30분이나 늦게 끝났어요. 휴대전화가 있는 친구들은 집에 전화를 걸어 늦은 이유를 설명했어요. 하지만 나는 아직 휴대전화가 없어요. 집에서 나를 기다리는 엄마가 걱정을 하고 계실 것 같았어요.

"엄마가 걱정하실 것 같아요. 집으로 전화를 할 수 있을까요?"

내가 선생님께 부탁을 했어요.

"그럼, 어서 전화를 하자꾸나."

선생님께서 내게 말씀하셨어요. 교무실에 간 나는 외우고 있던 번호로 전화를 걸었어요.

"지윤이니? 왜 이렇게 집에 안 오고 있니?"

엄마가 다급히 전화를 받으셨어요.

"대청소를 하느라 늦게 끝났어요. 지금 집에 갈게요."

내가 엄마에게 말했어요. 그러자 엄마는 걱정을 많이 했다며, 전화를 잘했다고 말씀하셨어요. 엄마의 목소리가 다시 편안해져서 나도 안심이 되었어요.

이렇게도 말해요 ⭐

- 선생님, 집에 전화를 하고 싶어요.
- 선생님, 전화기를 빌려 주시면 감사하겠습니다.
- 엄마, 오늘은 조금 늦게 끝났어요. 걱정하지 마세요.

하굣길

학원 버스가 늦었어요

나는 학교를 마치면 피아노를 배우러 가요. 피아노 학원 버스가 하교 시간에 맞춰 오기 때문에 바로 타고 가면 돼요. 그런데 어찌 된 일인지 평소에는 미리 기다리고 있던 학원 버스가 보이지 않아요.

"너도 피아노 학원에 다니지? 혹시 학원 버스가 늦는 이유를 알고 있니?"

내가 같은 학원에 다니는 친구에게 물었어요.

"학원에 전화를 해 보니까 무슨 일이 있어서 10분 정도 늦는대."

친구가 나에게 대답했어요. 친구의 말을 들은 나는 학원 버스를 좀 더 기다려 보기로 했어요. 다행히 금방 피아노 학원 버스가 도착했어요.

"어이쿠, 미안하구나. 학원 버스가 고장이 나서 늦었단다. 많이 기다렸지?"

피아노 학원 운전기사님이 우리에게 말씀하셨어요.

"괜찮아요."

내가 운전기사님께 대답했어요.

친구 관계

친구랑 싸웠어요

"지윤아. 왜 요즘은 유진이랑 놀지 않니?"

엄마가 나에게 물으셨어요.

"유진이가 싫다는데, 제가 별명을 계속 부르며 놀리다 다투었어요."

내가 엄마에게 대답했어요.

"네가 잘못했구나. 유진이에게 사과는 했니?"

"아니요. 어떻게 말해야 할지 모르겠어요."

엄마에게 고민을 말씀드렸어요.

"유진이에게 네 마음을 솔직하게 말해 보렴. 앞으로는 놀리지 않겠다고 약속도 하고. 그러면 다시 친하게 지낼 수 있을 거야."

엄마의 말씀을 들으니 용기가 생겼어요.

"유진아, 놀려서 미안해. 앞으로는 네가 싫어하는 별명을 부르지 않을게."

다음날 나는 유진이를 찾아가 사과를 했어요. 화가 풀어진 유진이는 다시 나의 친한 친구가 되었어요.

이렇게도 말해요 ⭐

이런 상황이에요	어떻게 말할까요?
친구를 놀렸을 때	내가 잘못했어. 앞으로는 놀리지 않을게.
친구에게 거짓말을 했을 때	솔직하게 말하지 못해서 미안해.
친구의 물건을 늦게 돌려줄 때	앞으로 일찍 돌려주도록 할게.
친구의 물건을 잃어버렸을 때	네 물건을 잃어버려서 정말 미안해.

친구 관계

친구를 용서했어요

아빠가 사 주신 동화책을 학교에 가지고 갔어요. 재미있는 이야기가 가득한 책이었어요. 친구들도 모두 부러워했어요.

"지윤아, 네 책을 읽고 싶어. 오늘 빌려 가도 될까?"

태준이가 나에게 부탁했어요.

"알았어, 빌려 줄게. 대신 내일 책을 가지고 와야 해."

내가 태준이에게 대답했어요.

다음 날 태준이가 책을 가지고 왔어요. 그런데 책을 본 나는 무척 놀랐어요. 책 표지가 찢어져 있었거든요.

"미안해. 동생이 네 책을 찢었어."

태준이가 빨갛게 변한 얼굴로 말했어요.

"괜찮아. 하지만 다음부터는 조심히 책을 읽고 갖다 줘."

내가 태준이에게 말했어요. 나의 말을 들은 태준이는 무척 고마워했어요.

우리는 함께 찢어진 책 표지에 테이프를 붙였어요. 처음처럼 깨끗한 책은 아니지만, 책을 재미있게 읽는 데는 아무런 문제가 없었습니다.

친구 관계

친구와 약속했어요

학교를 마치고 집으로 돌아간 나는 엄마에게 친구 재영이의 생일 파티에 가도 되냐고 여쭈었어요. 다행히 엄마가 허락을 해 줬어요. 나는 기뻐하며 재영이에게 전화를 했어요.

"재영이니? 나 지윤이야. 엄마가 생일 파티에 가도 된다고 하셨어. 시간과 장소를 알려 줄래?"

내가 재영이에게 물었어요.

"토요일에 우리 집으로 1시까지 오면 돼. 잊지 말고 꼭 와 줘."

재영이가 나에게 말했어요.

"그럼, 꼭 약속할게."

내가 재영이에게 대답했어요.

전화를 끊은 나는 엄마에게 생일 파티가 열리는 장소와 시간을 말했어요. 그리고 엄마와 함께 친구에게 줄 선물을 사러 갔어요.

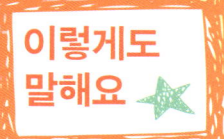

이렇게도 말해요

이런 상황이에요	어떻게 말할까요?
약속을 지킬 수 없을 때	미안해, ○○ 때문에 약속을 지킬 수 없게 됐어.
부모님의 허락이 필요한 약속일 때	부모님께 먼저 약속을 해도 되는지 여쭈어 보고 알려 줄게.
약속 시간과 장소를 잊어버렸을 때	약속 시간과 장소를 다시 한 번 알려 줄래?
친구가 약속을 어겼을 때	다음부터는 꼭 약속을 지켜 줬으면 좋겠어.

친구 관계

친구들과 차례를 지켰어요

체육 수업 후 몹시 목이 말랐어요. 나는 학교 정수기에 물을 먹으러 갔어요. 정수기 앞에는 이미 많은 친구들이 줄을 서 있었어요. 나도 차례를 지켜 줄을 섰습니다. 그런데 한 친구가 오더니 시치미를 떼고 앞자리에 줄을 섰습니다.

"왜 늦게 왔으면서 앞줄에 서니?"

내가 질서를 지키지 않는 친구에게 말했어요.

"목이 너무 말라서 그래."

질서를 지키지 않은 친구가 말했어요.

"우리도 똑같이 목이 말라. 그래도 차례를 지켜야 하니까 줄을 서는 거야. 너도 질서를 지켜."

내가 다시 말했어요.

내 말을 들은 그 친구는 뒤로 가서 줄을 섰어요. 모든 친구가 차례를 지켜 맛있게 물을 먹을 수 있었습니다. 내 기분도 다시 좋아졌어요.

유괴, 성폭력

낯선 사람이 말을 걸었어요

"네 이름이 심지윤 맞지? 나는 너희 엄마의 친구야."
낯선 아주머니가 나에게 말을 걸어왔어요.
"진짜 우리 엄마 친구예요?"
내 이름까지 알고 있는 아주머니가 엄마의 친구일지도 모른다는 생각이 들었어요.
"그럼, 그렇고말고. 내가 맛있는 것을 사 줄 테니 따라오렴."
아주머니가 대답했어요.
"아, 잠시만요. 아주머니를 따라가도 되는지 엄마에게 전화해서 여쭈어 볼게요."
나의 말은 들은 아주머니는 놀라서 허둥지둥 사라졌습니다.
그날 집으로 와서 엄마에게 이 사실을 말씀드렸어요. 엄마는 그런 아주머니를 모른다고 하셨어요. 엄마의 말씀을 듣고 나니 아주머니를 따라갔으면 '큰일 날 뻔했겠구나.'라는 생각이 들었어요.

이렇게도 말해요

- 부모님께서 낯선 사람을 따라가지 말라고 했어요.
- 자꾸 말 시키면 부모님께 전화할 거예요.
- 낯선 사람이 따라오면 경찰에 신고하라고 선생님께서 알려 주셨어요.
- 우리 엄마 저기 계세요!

유괴, 성폭력

혼자 있는 집에 택배가 왔어요

"딩동. 딩동."

초인종이 울렸어요! 이상해요. 아직 부모님께서 외출했다가 돌아오실 시간이 아니거든요. 나는 인터폰*으로 누가 왔는지 확인했어요. 그랬더니 물건을 들고 있는 택배 아저씨가 있었어요.

"택배 아저씨야. 배달할 물건이 있는데 문 좀 열어 줄래?"

택배 아저씨께서 나에게 말씀하셨어요.

"지금은 부모님께서 집에 안 계셔서 문을 열어 드릴 수 없어요. 죄송해요."

내가 택배 아저씨에게 인터폰으로 대답했어요.

"이걸 어쩐담. 꼭 전해 줘야 할 물건이 있는데."

"물건은 경비실에 맡겨 주세요. 부모님께서 집에 들어오시다 가져오실 수 있게요."

내가 택배 아저씨께 부탁드렸어요.

집으로 돌아오신 부모님이 오늘 한 행동을 칭찬하셨어요.

* 인터폰 : 집안에서 현관문 밖에 서 있는 사람을 확인할 수 있는 기기예요.

유괴, 성폭력

내 몸을 더듬었어요

수업이 끝나고 집으로 가던 길이었어요. 나는 학교에 알림장을 두고 온 사실을 깨달았어요. 준비물을 챙기고 숙제를 하려면 알림장이 있어야 해서 어쩔 수 없이 학교로 되돌아갔어요. 교실로 가는 길에 옆반에 계시던 선생님이 나를 불렀어요.

"지윤아, 이리 와 볼래?"

선생님이 계신 교실로 들어서자 다가온 선생님께서 내 볼을 쓰다듬었어요.

그리고 처음에는 볼만 만지던 선생님의 손이 점점 내 몸을 더듬었어요. 기분이 이상하게 나빴어요.

"제 몸에 손대지 마세요!"

기분이 나빠진 내가 소리를 질렀어요.

"버르장머리 없이 선생님께 소리를 지르다니!"

얼굴이 빨갛게 변한 선생님께서 나에게 화를 내며 교실 밖으로 나가 버리셨어요.

"오늘 학교에서 옆반 선생님이 내 몸을 막 만지셨어요. 그래서 나는 기분이 매우 나빠요."

집으로 돌아온 내가 엄마에게 말씀드렸어요. 내 말을 들은 엄마는 나를 꼭 안아 주셨어요. 그리고 이렇게 말씀하셨어요.

"지윤아, 오늘 학교에서 있었던 일을 말해 줘서 고맙구나. 누구든지 허락 없이 네 몸을 만질 수 없단다. 네 몸은 소중하니까."

이렇게도 말해요

- 싫어요. 내 허락 없이 내 몸에 손대지 마세요.
- 내 몸을 함부로 만지면 싫어요!
- 내 몸을 자꾸 만지면 부모님께 말할 거예요.

유괴, 성폭력

옆집 아저씨가 놀러 오랬어요

문방구 앞에서 예쁜 공책을 구경하고 있을 때였어요.

"지윤이구나."

옆집 아저씨가 나에게 말씀하셨어요.

"우리 집에 여러 나라의 공책이 많은 걸 알고 있니? 네가 보고 있는 예쁜 공책도 아저씨 집에 있단다."

아저씨가 이어서 말씀하셨어요.

"정말요? 아저씨는 좋겠어요."

아저씨의 말을 들은 내가 대답했어요.

"지윤아, 아저씨네 집에 가지 않을래? 네가 갖고 싶은 공책을 주마."

아저씨가 나에게 물으셨어요.

"안 돼요. 저 혼자 남의 집에 가서는 안 된다고 학교에서 배웠거든요."

내가 아저씨에게 말했어요.

"허허. 아저씨는 그런 나쁜 사람이 아니란다. 하지만 어른들이 오해

할 수 있으니 오늘 일을 비밀로 해 줄 수 있겠니?"

아저씨가 내게 말씀하셨어요.

"그것도 싫어요. 저는 부모님께 무엇이든지 사실대로 말하거든요."

내 말을 들은 아저씨는 급히 자리를 떠났습니다.

신체 안전

집에 불이 났어요

쿵쿵.

무엇인가 타는 냄새가 나요!

주방에서 연기가 올라오고 있는 것 같아요. 나는 놀라서 집 밖으로 뛰어나갔어요.

"꽃님아파트 302호에 불이 났다고 119에 신고해 주세요!"

집 앞에 있는 가게에 가서 소리쳤어요. 가게 아주머니께서는 곧장 119에 전화를 걸어 주셨어요. 잠시 후 사이렌을 울리며 소방차가 도착했어요.

"주방 쪽에서 먼저 연기가 올라왔어요!"

내가 소방관 아저씨에게 말했어요. 내 말을 들은 아저씨들은 고개를 끄덕이며 불을 꺼 주셨어요.

"주방에서 누전*이 일어난 것 같아요. 다행히 꼬마가 빨리 신고해 줘서 큰일은 없었습니다."

소방관 아저씨가 연락을 받고 달려온 부모님께 말씀하셨어요.

"지윤아, 다치지 않아서 정말 다행이야. 지윤이가 똑똑하게 행동을 해 줘서 큰 사고를 막을 수 있었어."

부모님께서 나를 안아 주시며 말씀하셨어요.

* 누전 : 전기가 전선 밖으로 새어 나오는 일이에요.

이렇게도 말해요

- 119 아저씨, 우리 집에 불이 났어요. 얼른 와 주세요.
- 아주머니, 우리 집에 불이 났다고 소방서에 전화해 주세요!
- 우리 집에 불이 났어요. 집 주소는 꽃님아파트 ○○동 ○○○호입니다.

신체 안전

오빠와 언니가 돈을 빼앗아 갔어요

"너 햇살초등학교 1학년이지? 가진 돈 다 내놔."

골목을 지키고 있던 험상궂은 오빠와 언니가 나에게 말했어요.

"제 돈은 줄 수 없어요."

내가 말했어요. 그러자 오빠와 언니는 나의 돈을 빼앗았어요. 그리고 이 일을 어른에게 말하면 가만 안 놔둘 거라고 무섭게 말했어요.

집에 돌아온 나는 오늘의 일을 아무에게도 말하지 않았어요. 오빠와 언니가 무서웠기 때문이에요. 하지만 결국 나는 용기를 내어 말해야 한다고 생각했어요.

다음날 나는 선생님을 찾아가 어제 있었던 일을 말씀드렸어요.

"선생님, 어제 6학년 오빠와 언니가 돈을 빼앗고 때렸어요. 그리고 어른께 말하면 가만 안 두겠다고 했어요."

"지윤아, 네가 만약 이 일을 숨겼으면 더 큰 괴롭힘을 당했을 거야. 이제 선생님이 오빠와 언니를 따끔히 혼내 줄게."

나의 말을 들은 선생님께서 말씀하셨어요. 나는 마음이 푹 놓이는 것을 느꼈어요.

신체 안전

자전거를 타다가 넘어졌어요

자전거를 타고 쌩쌩 달리고 있을 때였어요. 갑자기 골목에서 오토바이가 나타났어요. 오토바이를 피하려던 나는 중심을 잃고 바닥에 넘어졌어요.

"꼬마야, 괜찮니? 어서 병원에 가야겠구나. 내가 데려다줄 테니 업히렴."

길을 가던 아저씨가 나에게 말했어요.

"그전에 아빠한테 연락하고 싶어요. 무슨 일이 생기면 제일 먼저 전화하라고 하셨거든요."

내 말에 아저씨는 휴대전화를 꺼내 부모님과 통화하게 해 주셨어요.

"아빠, 자전거를 타다가 넘어졌어요. 지금 데리러 와 주세요."

내가 아빠에게 말했어요.

잠시 후 나는 아빠와 함께 병원에 가서 치료를 받았어요. 치료는 몹시 아팠어요. 나는 자전거를 조심히 타야겠다고 생각했어요. 그리고 자전거를 탈 때는 안전모와 보호대를 반드시 착용하겠다고 다짐했어요.

이렇게도 말해요

- 엄마, 놀이터에서 놀다가 다쳤어요. 얼른 와 주세요.
- ○학년 ○반 담임선생님에게 제가 다쳤다고 연락해 주세요.
- 자전거를 타다가 넘어졌어요. 도와주세요!

교통안전

빨간불에 건널목을 건넜어요

학원 수업에 늦을 것 같은 급한 마음에 나는 빨간불에 건널목을 건너기로 했어요. 그런데 그 순간 갑자기 나타난 자동차에 부딪히고 말았어요.

"얘야, 많이 다쳤니!?"

운전석에 앉아 있던 아주머니가 놀라서 차 밖으로 나왔어요.

나는 놀라서 "아앙!" 하고 울음을 터뜨렸어요. 이윽고 경찰차가 사이렌을 울리며 달려왔어요.

"꼬마야, 많이 안 다쳤니? 어쩌다 다친 거니?"

내 상태를 살피던 경찰 아저씨가 말씀하셨어요.

"빨간불에 건널목을 건너다 달려오는 자동차에 부딪혔어요."

조금 안정이 된 내가 경찰 아저씨에게 말했어요.

나는 교통사고 때문에 여러 날 병원에 다녀야 했어요. 힘들게 병원에 다니면서 큰 교훈을 얻었습니다. 그것은 바로 초록불일 때 건널목을 건너야 한다는 것이에요. 그리고 초록불로 바뀌었더라도 이쪽저쪽 한 번 더 살펴보고 건널목을 건너야 한다는 것이지요.

교통안전

도로로 공이 굴러갔어요

운동장에서 축구를 하고 있었어요. 그런데 내가 찬 공이 그만 학교 담장을 넘어갔어요. 공은 도로 한가운데로 데굴데굴 굴러갔어요.

"어서 가서 공을 집어 오자."

친구가 나에게 말했어요.

"자동차가 다니고 있어서 위험해. 어른들께 도와 달라고 하자."

내가 친구에게 대답했어요. 우리는 경비원 아저씨께 달려갔어요.

"공이 차도로 굴러갔어요. 공을 가져올 수 있게 도와주세요."

우리가 경비원 아저씨께 부탁을 했어요. 경비원 아저씨는 안전하게 공을 주워 오셨어요.

"공을 찾아주셔서 감사합니다."

우리가 경비원 아저씨께 인사를 했어요.

"그래, 다음에도 위험한 일이 있으면 언제든지 말하렴."

경비원 아저씨가 우리에게 말씀하셨어요.

이렇게도 말해요

· 공이 도로로 굴러갔어요. 도와주세요.
· 어른들께 부탁해 보자.

교통안전

버스에서 떠들었어요

오늘은 놀이동산으로 소풍을 가는 날이에요. 우리는 차례를 지켜 버스에 올라탔어요.

"모두 안전벨트를 매세요."

선생님께서 우리에게 말씀하셨어요. 그런데 내 안전벨트가 이상해요. 벨트가 자꾸 안 매어졌습니다.

"선생님, 안전벨트가 잘 안 매어져요."

선생님께 말씀드렸어요. 그러자 선생님께서 내 안전벨트를 매 주셨어요. 드디어 놀이동산을 향해 버스가 출발했어요. 신이 난 나는 큰 소리로 떠들었지요.

"버스에서 너무 크게 떠들면 안 된단다. 운전에 방해가 되고, 다른 친구들에게도 피해를 줄 수 있어."

선생님께서 나에게 말씀하셨어요.

"떠들어서 죄송해요."

내가 선생님께 대답했어요. 얼마 후, 버스가 무사히 놀이공원에 도착했어요. 우리는 이번에도 차례차례 버스에서 내렸어요.

이렇게도 말해요

이런 상황이에요	어떻게 말할까요?
버스에서 안전벨트가 안 매어질 때	안전벨트를 매도록 도와주세요.
버스에서 음식물을 먹다가 주의를 받았을 때	버스에서 음식을 조용하고 깨끗하게 먹었어야 했는데, 앞으로 조심할게요.
버스에 타는 친구가 차례를 지키지 않을 때	차례를 지키면서 버스를 타야 해.
버스 창문 밖으로 고개를 내밀다가 혼났을 때	위험한 행동을 해서 죄송합니다.

학교생활, 안전, 성폭력에 대처하는 초등 저학년 말하기

이럴 땐 이렇게 말해요

1판 1쇄 인쇄 2015년 1월 30일
1판 4쇄 발행 2021년 1월 15일

지은이 성지영
그린이 혜경
펴낸이 문미화
펴낸곳 도서출판 책읽는달
주 소 서울 서대문구 가재울로 45, 105-1204
전 화 02)326-1961 / 02)326-0960
팩 스 02)6924-8439
블로그 http://blog.naver.com/booknmoon2010
출판신고 2010년 11월 10일 제2016-000041호

ⓒ 성지영, 2015

ISBN 979-11-85053-15-8 (77370)

※ 이 책의 무단전재와 무단복제를 금하며, 책 내용의 전부 또는 일부를 이용하려면 반드시 책읽는달의 동의를 받아야 합니다.
※ 잘못된 책은 본사나 구입하신 곳에서 바꾸어 드립니다. 책값은 뒤표지에 있습니다.
※ 책읽는달은 여러분의 아이디어와 원고를 기다리고 있습니다.
　소중한 책으로 남기고 싶은 아이디어나 원고가 있으신 분은 bestlife114@hanmail.net으로 보내주세요.

어린이제품안전특별법에 의한 표시사항

제조자명 도서출판 책읽는달　**주소** 서울 서대문구 가재울로 45, 105-1204
전화 02)326-1961　**제조연월** 2021년 1월　**제조국** 대한민국　**사용연령** 5세 이상
⚠ **주의** 책을 떨어뜨리거나 던져서 다치지 않게 주의하세요. 책을 입에 물지 마시고 책에 손이 베일 수 있으니 주의하세요.